SUR GRIN VOS CONNAISSANCES
SE FONT PAYER

- Nous publions vos devoirs
  et votre thèse de bachelor et master

- Votre propre eBook et livre –
  dans tous les magasins principaux du monde

- Gagnez sur chaque vente

Téléchargez maintentant sur www.GRIN.com
et publiez gratuitement

Clara Pfeffer

Aus der Reihe: e-fellows.net schüler-wissen

e-fellows.net (Hrsg.)

Band 30

La liberté de la Presse en France

Est-ce que les médias en France sont influencés par le président Nicolas Sarkozy?

GRIN Verlag

Bibliografische Information der Deutschen Nationalbibliothek:

Die Deutsche Bibliothek verzeichnet diese Publikation in der Deutschen National-bibliografie; detaillierte bibliografische Daten sind im Internet über http://dnb.d-nb.de/ abrufbar.

Imprint:

Copyright © 2012 GRIN Verlag GmbH
Druck und Bindung: Books on Demand GmbH, Norderstedt Germany
ISBN: 978-3-656-58435-3

This book at GRIN:

http://www.grin.com/fr/e-book/267887/la-liberte-de-la-presse-en-france

Gutenberg-Gymnasium Mainz
An der Philippsschanze 5
12- Sozialkunde 1

FACHARBEIT
In den Leistungskursen Sozialkunde und Französisch

La liberté de la Presse en France

Est-ce que les médias en France sont influencés par le président Nicolas Sarkozy?

Verfasst von : Clara Sofia Pfeffer

TABLE DES MATIÈRES

1. Introduction..3

2. Le contexte historique de la liberté de la Presse en France............4

    2.1. La constitution...4

    2.2. La loi de la presse de 1881...5

    2.3. La relation entre l'État et la Presse 8

    2.4. L'image du métier des Journalistes 9

3. Est-ce que les médias en France sont influencé par le président
Nicolas Sarkozy ?..10

    3.1 Sarkozy et ses amis...10

    3.2 L'influence de Sarkozy..12

4. Bilan...13

5. Bibliographie..15

1. Introduction

Dans ce mémoire professionnel je me suis intéressée au sujet de la liberté de la presse en France. À l'exemple de la présidence de Nicolas Sarkozy j'ai analysé la situation présente des médias dans une des démocraties les plus anciennes des temps modernes. Puisque depuis l'élection du 6 avril de 2007, il y a beaucoup d'affrontements concernant l'indépendance du journalisme et l'ingérence de l'Elysée dans la presse. Dans la Constitution de la Vème République le rôle de la presse a été codifié : La presse devrait favoriser l'État. J'ai concentré mon travail sur cette différence élémentaire du modèle allemand de la «quatrième force» qui est une instance indépendante pour former la volonté démocratique.

J'ai choisi ce thème parce que l'Allemagne et la France, les piliers principaux de L'Union Européenne, ont des façons de voir très différentes du rôle de la presse dans une démocratie.

Pour montrer ces différences clairement il faut qu'on aborde l'histoire de la presse et du système politique de la France. C'est pour cette raison que la première partie du travail traite des piliers de fondation de la liberté d'opinion: La déclaration des droit de l'homme de 1789 et la loi de la presse de 1881. Un autre chapitre s'occupe du profil du métier de journaliste en France, lequel est marquant pour le paysage médiatique.

Dans la deuxième partie je me suis concentrée sur la situation actuelle sous la présidence de Nicolas Sarkozy.

Premièrement ses relations avec les médias sont expliquées dans le chapitre « Sarkozy et ses amis », et après quelques exemples sont donnés pour pouvoir comprendre l'influence du président.

Des éléments comparatifs auraient été très intéressants mais sortiraient du cadre de ce mémoire professionnel.

Malheureusement le sujet de la liberté de la presse en France n'a pas une très «bonne presse», ni dans la littérature allemande ni dans la littérature française. C'est pour cette raison qu'internet a été une des sources les plus importantes pour ce travail en particulier pour la deuxième partie. Il y a beaucoup d'articles intéressants mais l'assemblage des faits ressemble a été très difficile. J'espère que ce travail peut donner une vue d'ensemble de la situation en France.

2. Le contexte historique de la presse en France

Jusqu'à la Révolution française la presse sous toutes ses formes était sous les ordres du Roi. Tout document écrit devait passer par la censure du roi avant qu'il soit publié. Voltaire se moquait de ça : « Sans l'agrément du roi, vous ne pouvez pas penser ».[1]

L'idée d'une Presse indépendante est venue avec la déclaration des droits de l'homme. Les droits de l'homme viennent de la Révolution Française en 1789. « Liberté, Fraternité et Égalité » - L'aspect de la Liberté inclut aussi la liberté d'opinion et une presse indépendante.[2]

Le droit de la Presse, comme nous le connaissons aujourd'hui est le résultat d'un développement très compliqué. Le droit est basé sur deux piliers fondamentales: La Constitution et la „Loi de la Presse de 1881". Pour bien expliquer les deux je vais élucider leurs contextes historiques.

2.1. La constitution

La Constitution de la France, même si elle a beaucoup changé, provient de la Révolution Française. 1791 l'Assemblée nationale constituante a annoncé la première constitution française. En ce temps-là la liberté de la presse faisait partie de la liberté d'opinion qui était une des acquisitions les plus importantes de la Révolution Française. Dans la «Déclaration universelle des droits de l'homme» du 4-8-1789, les articles 10 et 11 se réfèrent à la liberté de la Presse: *«Article 10 : Nul ne doit être inquiété pour ses opinions, même religieuses, pourvu que leur manifestation ne trouble pas l'ordre public établi par la Loi. Article 11: La libre communication des pensées et des opinions est un des droits les plus précieux de l'Homme: tout Citoyen peut donc parler, écrire, imprimer librement, sauf à répondre de l'abus de cette liberté, dans les cas déterminés par la Loi.»* [3]

La liberté de la Presse n'a pas un propre article qui lui soit dédié, mais elle apparaît en plus de la liberté d'opinion, la liberté de parole et la liberté d'écrire. [4]

---

[1] Zitiert bei Hiller, Armin: Das französische Presserecht – Ein Beitrag zur Problematik der Pressefreiheit, Perleberg 1967, S. 49
[2] Fischer, Heinz Dietrich: Innere Pressefreiheit in Europa, 1975, S. 139
[3] Assemblée Nationale: Declaration des droits de l'homme et du citoyen de 1789, http://www.assemblee-nationale.fr/histoire/dudh/1789.asp
[4] Vgl. Kemper, Dr. Gerd Heinrich: Berliner Abhandlungen zum Presserecht Heft 2: Pressefreiheit und Polizei, S.17

Cette liberté n'a pas duré longtemps. Sous le règne de Robespierre beaucoup de Journalistes incommodes ont disparu. Napoléon comprimait le nombre des journaux et les contrôlait strictement.[5]

Pour résumer on peut dire que la presse dépendait toujours de la forme d'État en France. Les articles 10 et 11 étaient toujours et sont toujours le fondement des droits de la presse.

Pour la République fédérale d'Allemagne, l'article 5 du « Grundgesetz » fait la base de la liberté de la presse : «Jeder hat das Reicht, seine Meinung in Wort, Schrift und Bild frei zu äußern und zu verbreiten und sich allgemein zugänglichen Quellen ungehindert zu unterrichten. Die Pressefreiheit und die Freiheit der Berichterstattung durch Rundfunk und Film werden gewährleistet. Eine Zensur findet nicht statt.»[6] La différence entre la France et l'Allemagne est claire : Contrastant avec la Constitution de la France, le « Grundgesetz » de la République fédéral d'Allemagne n'assure pas seulement une liberté d'opinion mais aussi le droit à l'information.

En outre l'article 11 (cf. ci-dessus) inclue aussi des limites de la liberté, et ces limites sont définies par le législateur. Pour résumer : « In der deutschen Medienordnung behrrscht das Grundrecht der Medienfreiheit – bezogen auf die Medien selbst – als obesters Gebot die gesamte Medienordnung. In frankreich haben die Gesetezesschranken für die Ausübung der Medientätigkeit Vorrang. »[7]

2.2 La loi de la Presse de 1881

Avant que la loi n'entre en vigueur, deux décrets importants ont été annulés. D'une part, le devoir d'avoir une licence de l'état pour publier a été supprimé. En d'autres mots : Il n'y avait plus de censure. D'autre part il, n'était plus punissable d'exprimer certaines opinions dans la presse.[8] La liberté d'opinion aussi était respectée dans la presse dorénavant.

« La loi du 29 juillet 1881: enfin, au pouvoir en janvier 1879, le républicains

---

[5] Nagel, Lars-Marten: Aspekte der Pressefreiheit in Frankreich, S. 5
[6] Zitiert nach Nagel, Lars-Marten: Aspekte der Pressefreiheit in Frankreich, S.5
[7] Nagel, Lars-Marten: Aspekte der Pressefreiheit in Frankreich, S.6
[8] Ebd.

préparèrent longuement la nouvelle loi sur la presse, qui représente avec ses soixante-dix articles le plus gros effort législatif entrepris en la matière; elle assura la plus grande liberté à la presse et réduisit à très peu les délits de presse »[9], explique Pierre Albert.

Dans ce-temps-là cette loi était la première loi sur la presse du monde qui garantit une presse libre et défendait les droits des journalistes.

La loi du 29 juillet 1881 s'articule autour de quatre grandes spécificités :

Premièrement il y avait une nouvelle institution, un régime administratif de la presse écrite exempt de tout contrôle préalable, qui prendrait la responsabilité et une obligation de déclaration auprès du Procureur de la République. La censure était passée.[10]

Par ailleurs la loi aussi a définit diverses infractions pour instituer un équilibre entre la liberté d'expression et la protection des personnes.[11]

En plus, la loi établissait un régime de responsabilité pénale spécifique instituant une présomption de responsabilité du directeur de la publication.[12]

En fin de compte: « La mise en place d'un régime procédural particulier, dérogeant au droit commun, avec des règles contraignantes limitant les poursuites, notamment une prescription des infractions réduite à trois mois, afin de protéger la liberté de la presse. »[13]

Ces restrictions sont les mêmes que celles de la Constitution. Une presse complètement libre n'était jamais le but de la France. Liberté d'opinion, bien sûr, mais la presse devait être sous le contrôle des lois. Malgré cela, la loi de 1881 a amélioré la situation parce que toute frome de la restriction par l'état était abolie.[14]

On voit que d'un côté la loi cible la responsabilité de chaque auteur pour ses déclarations en publique. D'un autre côté, il permet à tous les citoyens de

---

[9] Vgl. Nagel, Lars-Marten : Aspekte der Pressefreiheit in Frankreich, S. 6
[10] Vgl. Ministère de la culture et de la communication: La loi du 29 juillet 1881 sur la liberté de la presse, 25.06.2003, http://www.ddm.gouv.fr/rubrique.php3?id_rubrique=83
[11] Ebd.
[12] Ebd.
[13] Ebd.
[14] Vgl. Nagel, Lars-Marten: Aspekte der Pressefreiheit, S. 7

publier eux-mêmes, donc l'an 1881 devenait le début de « l'âge d'or de la presse », qui a duré jusqu'à la Première Guerre mondiale.[15]

Quoique la presse française ait beaucoup pâti d'une baisse de crédibilité dans les deux guerres mondiales, la loi de la presse de 1881 a tout dépassé et est toujours la base juridique pour le travail des médias.[16] Mais elle a été modifiée quelques fois. En 1944, on a transformé les expériences vécues pendant la Deuxième Guerre mondiale dans la loi. Il y avait surtout des modifications concernant la structure des entreprises de presse, des règlements pour la liberté de propagation et une définition du métier de « journaliste ».[17]

Assurément il a fallu changer la loi encore plusieurs fois au fil du temps. La loi n'était pas applicable avec les nouvelles formes des médias : La télévision et l'Internet. Dès l'an 1985, la loi fait foi pour toute forme de communication.

Le dernier changement important s'appelle « Lex Hersant ». La Lex Hersant est entrée en vigueur en 1984. Il déterminait qu'un entreprise pouvait détenir au plus trois journaux et que la possession des trois journaux ne dépassât pas 10 pour cent de l'édition nationale.[18] Avec cette modification de la loi de 1881 on voulait empêcher une monopolisation de la presse en France.

La loi est nommée « Hersant » à cause du trust de Robert Hersant, qui copossédait un cinquième des journaux régionaux et un tiers des journaux de Paris à ce temps-là.[19]

Quand même la « Lex Hersant » n'a pas été un succès, jusqu'à ce que 2 ans plus tard, un gouvernement de droite rachète la loi. Maintenant on peut posséder jusqu'à 30 pour cent de l'édition nationale.[20]

---

[15] Nagel, Lars-Marten: Aspekte derPressefreiheit in Frankreich, S. 8

[16] Ebd.
[17] Ebd.
[18] Der Spiegel : Alles kaufen, http://www.spiegel.de/spiegel/print/d-14024328.html
[19] Nagel, Lars-Marten: Aspekte derPressefreiheit in Frankreich, S. 8
[20] Ebd.

2.3 Les relations entre l'État et la Presse

Les relations proches entre les médias et la presse ont une longue tradition en
France. A la fin du 19ième siècle, les politiciens importants ont écrit souvent pour
les grands journaux.[21] Un siècle après Charles de Gaulle a introduit la V.
République en France et il a aussi défini le rôle de la Presse dans la
Constitution. La presse devait « favoriser la politique du gouvernement
actuel ».[22] Ce qui est différent de l'Allemagne est que la Presse n'est pas une
quatrième force, mais elle est, comme Georges Pompidou le formulait, « la voix
de la France. »[23]

Pour expliquer ce contraste entre ces deux pays qui sont géographiquement si
proche, il faut qu'on regarde les contextes historiques différents. La relation
entre l'état et la presse est une conséquence des expériences qu'une nation a
faite.

Il y a deux événements que je veux envisager de manière plus détaillée.
Premièrement la deuxième guerre mondiale : pendant la guerre, les allemands
s'infiltraient en France et à cause de ça les médias constituaient un danger
pour la démocratie. Ils faisaient de la propagande pour les idées nationales-
socialistes et avaient le pouvoir d'influencer le peuple français. C'est-à-dire que
la danger venait des médias, en Allemagne c'était le contraire : Les nazis
contrôlaient la presse et interdisaient toute forme de presse qui leur résistaient,
donc le danger venait du régime et la presse pouvait être une chance de
protestation. Par conséquent, les médias en Allemagne sont une manière de
défendre la démocratie, cela étant, le gouvernement en France s'efforce de
préserver la démocratie contre les médias.[24] Cela montre une grande différence
entre l'Allemagne et la France.

La deuxième expérience que la France a faite est la IVème République. A cette
époque les Français ont appris qu'une direction forte est très importante pour
rassembler un pays. Pour cette raison la presse en France devrait appuyer et
ne pas critiquer le gouvernement.[25]

Ayant pris tout cela considération, on voit qu'il est difficile de comparer la

---

[21] Vgl. Nagel, Lars-Marten: Aspekte derPressefreiheit in Frankreich, S. 8
[22] Vgl. Nagel, Lars-Marten: Aspekte derPressefreiheit in Frankreich, S. 9
[23] Dibbern, Simonetta und Hillmann, Margit : Heißer Draht zum Elysée, 31.05.2008,
http://www.dradio.de/dlf/sendungen/gesichtereuropas/758986/
[24] Vgl. Nagel, Lars-Marten: Aspekte der Pressefreiheit in Frankreich, S. 12
[25] Vgl. Nagel, Lars-Marten: Aspekte derPressefreiheit in Frankreich, S. 13

situation de la France et de l'Allemagne parce que ces deux pays on une histoire, une culture et une attitude complètement différentes et il ne faut pas faire l'erreur de juger sans connaître vraiment les raisons secrètes.

Mais ce travail va vous donner un petit exemple pour illustrer la situation en France: L'affaire de « Lex Hersant ».

Robert Hersant est très conservateur et ses journaux favorisent surtout la politique conservative. Donc Jacques Chirac subventionnait Robert Hersant en lui donnant de l'argent pour pouvoir acheter « Le Figaro ». En 1984 la France avait un gouvernement socialiste et la loi « Lex Hersant » qui constituait un obstacle surtout pour l'entreprise d'Hersant, a été adopté. C'est pour cela qu'Hersant proteste: « Der Staat ist nichts anderes als ein unerträglicher Aufpasser, und das in einem Bereich, in dem er überhaupt nichts zu suchen hat. »[26]

2.4 L'image du métier des Journalistes

Les journalistes en France ont une image du métier très différent de celle des journalistes allemands.

D'abord, il n'est pas facile de devenir Journaliste. On doit être déjà dans une famille élitaire pour pouvoir fréquenter à une des écoles qui sont incontournable dans la carrière d'un journaliste en France. L'école la plus populaire est le CFJ- le « Centre de Formation des Journalistes »- à Paris. Cette école est comme une garantie pour la carrière. [27]

L'interview avec des étudiantes du CFJ dans le « Deutschlandfunk » décrit très bien la situation des journalistes en France. On apprend beaucoup sur les méthodes du CFJ. Les méthodes d'investigation ne font pas partie de la formation des jeunes journalistes. «Selbstzensur ist unter französischen Journalisten sehr verbreitet. Leider wird darüber viel zu wenig gesprochen. (…) Unsere englischen Gastdozenten haben uns gezeigt, wie bei ihnen Politiker interviewt werden. Das ist ein enormer Unterschied! Bei uns liegen die

---

[26] Der Spiegel : Alles kaufen, 05.12.1983, http://www.spiegel.de/spiegel/print/d-14024328.html
[27] Vgl. Dibbern, Simonetta und Hillmann, Margit : Heißer Draht zum Elysée, 31.05.2008, http://www.dradio.de/dlf/sendungen/gesichtereuropas/758986/

Journalisten fast auf den Knien, wenn sie Sarkozy interviewen.»[28], dit une étudiante du CFJ. Cela montre que le problème ne consiste pas dans l'impossibilité de former une presse libre mais qu'il manque des journalistes qui soient prêts à prendre les risques d'un journalisme d'investigation.[29]

En France ce n'est n'est pas l'objectivité mais la subjectivité qui qualifie un bon journaliste. La presse française est dirigée par quelques « Star-Journalistes ». Pour devenir un journaliste populaire et prestigieux il faut qu'on soit correspondant. Un exemple qui prouve cette thèse c'est l'interview traditionnelle de 14 juillet avec le président de la France. L'interview à l'Elysée est la distinction plus grande pour un journaliste en France, mais les journalistes qui critiquent le président ne vont jamais bénéficier de cette distinction parce que c'est Sarkozy lui-même qui sélectionne le veinard. «Der eigentliche Skandal ist, dass diese Methoden allen Journalisten bekannt sind, aber kaum jemand sie öffentlich kritisiert.»[30] C'est-à-dire que le journalisme en France a des valeurs différentes du journalisme en Allemagne. C'est peut-être incompréhensible pour nous mais le lecteur français veut avoir une opinion du journaliste et non pas une description objective des faits. Cela est bien sûr une généralisation, il y a aussi des cas exceptionnels par exemple celui du «canard enchaîné ».

3. Est-ce que les médias en France sont influencés par le président Nicolas Sarkozy?

Nicolas Sarkozy né à Paris le 28 Janvier 1955, est le fils d'un émigrant hongrois et d'une juriste française. Il a grandi à Neuilly-sur-Seine et est devenu maire de cette ville de banlieue parisienne en 1983. Neuilly-sur-Seine est une des banlieues les plus aisées de Paris et Sarkozy a fait beaucoup de connaissances importantes là. Sarkozy est avocat et est devenu président de la partie conservateur UMP dès 2005. En 2007 il est élu Président de la France. Nicolas Sarkozy a toujours su comment il devait composer avec les médias à son avantage.[31] Mais a-t-il aussi abusé de son pouvoir concernant la presse ?

---

[28] Dibbern, Simonetta und Hillmann, Margit : Heißer Draht zum Elysée, 31.05.2008, http://www.dradio.de/dlf/sendungen/gesichtereuropas/758986/
[29] Dibbern, Simonetta und Hillmann, Margit : Heißer Draht zum Elysée, 31.05.2008, http://www.dradio.de/dlf/sendungen/gesichtereuropas/758986/
[30] Dibbern, Simonetta und Hillmann, Margit : Heißer Draht zum Elysée, 31.05.2008, http://www.dradio.de/dlf/sendungen/gesichtereuropas/758986/
[31] Portelli, Serge: Le Sarkozysme sans Sarkozy, Paris 2009, S. 36

Je vais répondre à cette question dans les chapitres suivants.

3.1 Sarkozy et ses amis

Comme nous le savons, Sarkozy entretient depuis longtemps beaucoup de relations proches avec les grands directeurs et administrateurs de la presse française. Dans la nuit du 6 au 7 mai 2007 Nicolas Sarkozy fête son élection parmi de ses amis au Fouquet's Barrière. « Une victoire qui est aussi celle des patrons de la presse, de politiciens, des vedettes du showbiz et des sportifs célèbres. Deux points communs dans ce patchwork surprenant : la richesse des participants et leurs liens avec l'ancien maire de Neuilly.»[32], disent Michel Pinçon et Monique Pinçon-Charlot qui sont sociologues et directeurs du CNRS. Parmi les invités, Dominique Desseigne le président du conseil de surveillance et du comité stratégique du Groupe Lucien Barrière (hôtels de luxe et casinos). Vincent Bolloré président de Havas et du Groupe Bolloré et aussi le créateur de deux journaux gratuits (Direct soir et Matin plus) et le directeur d'une nouvelle chaîne de télévision, Direct 8, sur le réseau TNT.

Martin Bouygues, aussi le parrain d'un fils de Sarkozy, est le PDG du groupe homonyme. Ce Groupe Bouygues est implanté dans plus de quatre-vingt-cinq pays et est actif dans le BTP, l'immobilier, les télécommunications et les médias. Bougygues est aussi le propriétaire de la chaîne de télévision la plus grande de la France, TF- 1.[33]

En plus, Bernard Arnault, n'est pas seulement le PDG de LVMH (Louis Vuitton - Moët Hennessy) mais aussi le propriétaire de quelques revues d'économie, et lui est aussi le parrain d'un fils de Sarkozy.

Serge Dassault, chef du Groupe Figaro depuis 2006, était aussi au Fouquet pour fêter Nicolas Sarkozy.

Autre invité de marque, Jean-Claude Decaux, qui fut le voisin du futur président quand celui-ci était maire de Neuilly. Numéro un mondial de l'immobilier urbain. Les autres invités étaient le Canadien Paul Desmarais et le Belge Albert Frère qui possèdent ensemble 48 % des parts du Groupe Bruxelles Lambert et qui reçoivent des hommes d'affaires, mais aussi les Bush, les Clinton, et un certain

---

[32] Pinçon, Michel und Pinçon-Charlot Monique: Le Président des riches, http://inventin.lautre.net/livres/Le-president-des-riches-Pincon.pdf
[33] Hopp, Helge: Sarkozy und seine Strippenzieher, 22.8.2008, http://www.stern.de/kultur/buecher/franzoesische-medien-sarkozy-und-seine-strippenzieher-635704.html

Nicolas Sarkozy, venu fêter le réveillon en 2004 avec son épouse dans leur immense propriété.[34]

«Elle célébrait l'élection de Nicolas Sarkozy et, en même temps, la victoire du néolibéralisme, le système qui a substitué un capitalisme financier spéculatif au capitalisme industriel fonctionnant de pair avec l'État-providence.»[35]

Sarkozy ne pense pas qu'il est nécessaire de se justifier : « Ich liebe das Geld, (…) ich habe viele reiche Freunde, und ich habe keine Probleme, mich dazu zu bekennen.»[36]

3.2. L'influence de Nicolas Sarkozy

Cependant cela n'est pas une preuve que Sarkozy influence les médias, on ne peut pas l'accuser pour ses amis. Mais il y a beaucoup d'exemples qui sont très discutables. Ce travail va en présenter quelques-uns.

D'abord Sarkozy veut que les chaînes de droit public abandonnent complètement la publicité. Cela sonne bien au premier abord, mais si on regarde bien, on découvre que c'est surtout une grande aide pour les chaînes privées. Premièrement, Helge Hopp explique que la plupart du chiffre d'affaire qui doit être distribué nouvellement, va profiter à TF1, la chaine de Martin Bouygues, le meilleur ami de Sarkozy. Ainsi Sarkozy obtient le contrôle total des chaînes de droit public et intensifie les liens avec les chaînes privées.

En plus, il a adopté une loi qui permet une deuxième phase de publicité pendant un long métrage.[37]

En février 2006 le «Canard enchaîné » révèle que Jean-Pierre Elkabbach, qui est entre autres, le directeur de France-Télévision et de France 3, a demandé l'avis de Nicolas Sarkozy quant au le choix d'un journaliste politique. Sarkozy disait : « C'est normal (…) j'ai été ministre de la communication »[38] Jean-Pierre Elkabbach explique : « Je fais cela pour tous les services parce que je veux

---

[34] Pinçon, Michel und Pinçon-Charlot Monique: Le Président des riches, http://inventin.lautre.net/livres/Le-president-des-riches-Pincon.pdf

[35] Pinçon, Michel und Pinçon-Charlot Monique: Le Président des riches, http://inventin.lautre.net/livres/Le-president-des-riches-Pincon.pdf

[36] Hopp, Helge: Sarkozy und seine Strippenzieher, 22.8.2008, http://www.stern.de/kultur/buecher/franzoesische-medien-sarkozy-und-seine-strippenzieher-635704.html

[37] Hopp, Helge: Sarkozy und seine Strippenzieher, 22.8.2008, http://www.stern.de/kultur/buecher/franzoesische-medien-sarkozy-und-seine-strippenzieher-635704.html

[38] Le Monde: La France, "mauvais exemple" en Europe pour la liberté de la presse, 25.01.2012, http://www.lemonde.fr/europe/article/2012/01/25/la-france-mauvais-exemple-en-europe-pour-la-liberte-de-la-presse_1634532_3214.html

avoir les meilleurs... Je ne peux pas interdire aux politiques de me donner leur avis. Mais, ensuite, je décide à 100 % moi-même. »[39] Ce cas est seulement l'un des plusieurs cas qui montrent que les journalistes et les politiciens sont très proches, et que l'autocensure est très diffusé en France.

En outre « Reporters sans frontières » critiquent que Nicolas Sarkozy a choisi lui-même le président de France Télévision.[40] « Ce droit avait été voulu par Nicolas Sarkozy en 2008 : « Je ne vois pas pourquoi l'actionnaire principal de France Télévisions, en l'occurrence l'Etat, ne nommerait pas son président. »»[41]

Il y a beaucoup d'autres exemples (l'affaire Bettencourt actuellement) qui affirment que Nicolas Sarkozy utilise sa position et ses relations pour influencer les médias.

4. Bilan

J'ai choisi ce thème parce que le fait qu'un pays aussi important dans le cadre de l'UE ne puisse pas disposer d'une vraie liberté de presse m'avait choquée. Je m'étais déjà formé une opinion après avoir fait des recherches sur la situation actuelle en France, mais cela était incorrect. Quand j'ai commencé à m'intéresser à l'histoire de la presse en France, j'ai compris qu'il y a une tradition complètement différente en France et qu'on doit la comprendre pour pouvoir juger la situation en France. Il est certainement vrai qu'il faut combler quelques déficits dans le droit des journalistes, comme la protection des sources et il serait nécessaire de réformer la loi de 1881 qui est définitivement obsolète.

En France, il s'agit d'un journalisme de débat et d'opinion, un journalisme subjectif. Cela est difficile à comprendre pour nous parce que les valeurs les plus importante du journalisme allemand est l'objectivité et l'indépendance. La proximité des journalistes et politiciens à Paris favorise les amitiés entre

---

[39] Le Monde: La France, "mauvais exemple" en Europe pour la liberté de la presse, 25.01.2012, http://www.lemonde.fr/europe/article/2012/01/25/la-france-mauvais-exemple-en-europe-pour-la-liberte-de-la-presse_1634532_3214.html ,
[40] Le Monde: La France, "mauvais exemple" en Europe pour la liberté de la presse, 25.01.2012, http://www.lemonde.fr/europe/article/2012/01/25/la-france-mauvais-exemple-en-europe-pour-la-liberte-de-la-presse_1634532_3214.html ,
[41] Le Monde: La France, "mauvais exemple" en Europe pour la liberté de la presse, 25.01.2012, http://www.lemonde.fr/europe/article/2012/01/25/la-france-mauvais-exemple-en-europe-pour-la-liberte-de-la-presse_1634532_3214.html

lesquelles et cela est surement une raison pour la méthode, largement partagée dans le métier du journaliste, de l'autocensure. Le problème n'est pas la situation juridique mais la peur des journalistes de prendre un risque. Mais attention – je ne veux pas généraliser, il y a aussi beaucoup d'exemples qui prouvent le contraire.

Mais revenant ?a la question clé de mon travail : est-ce que Sarkozy est un danger pour la liberté de la presse en France? Nicolas Sarkozy sait bien comment tisser un réseau. Il a plusieurs amis dans la presse et il n'hésite pas à utiliser son pouvoir. Même si le président en France a une position très forte, une monopolisation dans les médias est très dangereuse et il est important que l'opposition ait la même chance de partager ses messages avec le peuple. Mais parce que les français ont une méfiance générale face à la politique et les médias, les journalistes ne jouent pas un rôle aussi grand qu'en Allemagne dans la formation de l'opinion.

Si les journalistes le veulent, ils peuvent fournir un travail d'investigation et indépendant, mais c'est le problème de chacun s'il veut prendre ce risque.

Un autre aspect que je n'ai pas pu traiter dans ce travail est la situation financière des médias en France. Il y a beaucoup de subventions pour toute forme de médias et cela est un grand problème si on veut développer une presse indépendante. Les moyens financiers manquent.

Enfin je voudrais résumer mes résultats dans 5 thèses :

1. La situation de la presse en France est le résultat d'un développement très compliqué et long et n'est pas comparable avec les médias en Allemagne.
2. Le centralisme et la formation d'un journaliste en France favorisent une proximité entre les journalistes et les politiciens.
3. Le président de la France a assez de pouvoir pour exercer une forte pression sur les journaux et les chaînes de télévisions, s'il le veut.
4. Nicolas Sarkozy sait bien utiliser son pouvoir et méprise l'indépendance de la presse et la liberté d'opinion.
5. En France, le journalisme de débat et d'opinion est plus important que le journalisme objectif. La presse n'est pas une « quatrième force » mais un soutien du gouvernement.

Bibliographie

- Bigot, Christophe: Connaître la loi de 1881 sur la presse, Paris 2004

- Chastagnol, Alain: La presse et la justice : actes du Colloque Presse-Liberté, Paris 1999

- Chastagnol, Alain: Les nouvelles censures de l'écrit et de l'image, actes de Colloque Presse-Liberté, Paris 1999

- Chastagnol, Alain : La loi de 1881, loi du XXIe siècle ? - actes du colloque Presse-Liberté, Paris 2000

- Doehring, Prof. Dr. Karl (u.a.):Pressefreiheit und innere Struktur von Presseunternehmen in westlichen Demokratien, in Berliner Abhandlungen zum Pressereicht Heft 18, Berlin 1974

- Fischer, Heinz-Dietrich (u.a.): Innere Pressefreiheit in Europa,(Materialien zur interdisziplinären Medienforschung, Bd. 3) Baden-Baden 1975

- Hiller, Armin: Das französische Presserecht - Ein Beitrag zur Problematik der Pressefreiheit, Dissertation zur Erlangung der Doktorwürde, Würzburg 1967

- Kemper, Dr. Gerd Heinrich: Berliner Abhandlungen zum Presserecht Heft 2: Pressefreiheit und Polizei

- Masure, Bruno : Journalistes à la niche ?: de Pompidou à Sarkozy, Paris 2009

- Nagel, Lars-Marten: Aspekte der Pressefreiheit in Frankreich, München 2003, GRIN Verlag Gmbh

- Peignot, Gabriel: Essai historique sur la liberté d'écrire, Genève 1970

- Portelli, Serge: Le Sarkozysme sans Sarkozy, Paris 2009

- Schnitzer, Isabel: Ehrverletzende Presseäußerungen aus deutscher und französischer Sicht, Europäische Hochschulschriften Reihe 2 Rechtswissenschaft, Bd. 4188, (Dissertation zur Erlangung eines Doktorgrades der Recht) Mainz 2004

- Wengel, Anna : Das « Gesetz vom 29. Juli 1881 über die Freiheit der Presse », München 2012
  (http://www.hausarbeiten.de/faecher/vorschau/164899.html)

Internet

- Altwegg, Jürg: Die Handschrift der Geheimdienste, http://www.faz.net/aktuell/feuilleton/medien/pressefreiheit-in-frankreich-die-handschrift-der-geheimdienste-1508.html, Zugriff am 02.04.2012 um 19:00

- Assemblée nationale: Déclaration des droit des l'homme et du citoyen de 1789, http://www.assemblee-nationale.fr/histoire/dudh/1789.asp, Zugriff am 22.03.2012 um 16:00 Uhr

- Brüning, Franziska: Sarkozy und die Medien - Sonst hole ich meinen Bruder, http://www.sueddeutsche.de/kultur/sarkozy-und-die-medien-sonst-hole-ich-meinen-bruder-1.289188 31.01.2008, 17:45, Zugriff am 04.04.2012 um 14:00

- Forster, Siegfried: Frankreich: Kein Paradies für Journalisten, http://www.rfi.fr/actude/articles/101/article_51.asp 15.05.2008, Zugriff am 22.03.2012 um 16:00

- Georgi, Oliver: Zwischen „Meinungsjournalismus" und dem Einfluss der Pressestellen, http://www.literaturkritik.de/public/rezension.php?rez_id=5728 3.03.2003, Zugriff am 02.04.2012 um 18:45

- Hillmann, Margit und Dibber, Simonetta: Heißer Draht zum Elysée, http://www.dradio.de/dlf/sendungen/gesichtereuropas/758986/ 31.05.2008, Zugriff am 02.04.2012 um 13:00 Uhr

- Hillmann, Margit: Journalisten im Visier, http://www.dradio.de/dkultur/sendungen/weltzeit/1429273/ 5.4.2011, Zugriff am 02.04.2012 um 14:00

- Hillmann, Margit: Der lange Arm des Präsidenten – Frankreichs Pressefreiheit in Gefahr, http://www.swr.de/swr2/programm/sendungen/feature/-/id=4780798/property=download/nid=659934/1keiqz3/swr2-feature-20090610.pdf 10.06.2009, Zugriff am 06.04.2012 um 17:00

- Kläsgen, Michael : « Allerschlimmster Sarkozysmus », Süddeutsche Zeitung von 07.12.2011, 17:25, Zugriff am 22.03.2012 um 17:00

- Kläsgen, Michael: Der Schatten-Intendant, http://www.sueddeutsche.de/kultur/sarkozy-und-die-medien-der-schatten-intendant-1.574567 21.07.2008 17:39, Zugriff am 22.03.2012 18:00

- Le Monde: La France, "mauvais exemple" en Europe pour la liberté de la presse, 25.01.2012, http://www.lemonde.fr/europe/article/2012/01/25/la-france-mauvais-exemple-en-europe-pour-la-liberte-de-la-presse_1634532_3214.html ,Zugriff am 05.04.2012 um 13:00

- Libération: L'affaire Bettencourt, une „boule puante" pour Sarkozy, http://www.liberation.fr/politiques/01012400098-l-affaire-bettencourt-une-boule-puante-pour-sarkozy 3. April 2012 14:46, Zugriff am 4. April 15:44

- Mallaval, Catherine et Garrigos, Rapahel et Roberts,Isabelle: La haute main de Sarkozy sur les médias, http://www.liberation.fr/evenement/0101100814-la-haute-main-de-sarkozy-sur-les-medias, 28.04.2007, Zugriff am 11.04.2012 um 18:00

- Spiegel-Online: Spionage-Krimi in Sarkozys Schatten, http://www.spiegel.de/politik/ausland/0,1518,727180,00.html 4.11.2010, Zugriff am 4. April um 14:30

- Der Spiegel : Alles kaufen, http://www.spiegel.de/spiegel/print/d-14024328.html, 05.12.1983, Zugriff am 11.04.2012 um 13 :45

- Reporters sans frontières: Classement mondiale 2010, http://www.rsf.org/IMG/CLASSEMENT_2011/FR/CP_GENERAL_VERSION_EU.pdf 20.10.2010, Zugriff am 06.04.2012 um 16:00

- Reporter ohne Grenzen (Reporters sans frontières) : Rangliste der Pressefreiheit 2011, http://www.reporter-ohne-grenzen.de/ranglisten/rangliste-2011/?no_cache=1, Zugriff am 05. Dezember 2011 um 14:00